AF283905

01

CROMOS

EL FENÓMENO

altamarea

Primera edición en esta colección: marzo de 2026
Título original: *Ronaldo. Il Fenomeno*

© Giovanni Salomone, 2024
Garrincha Edizioni è un marchio di
© Marotta&Cafiero editori srl presso «La Scugnizzeria»
Via Circum.ne Esterna 20/A 80017 - Melito di Napoli
garrincha@marottaecafiero.it
© de la presente edición: Altamarea Edición de Libros SL
altamarea.es
altamarea@altamarea.es

Diseño de la colección: Sara Maroto Hebrero y Olatz del Arco

ISBN: 978-84-10435-99-5
DL: M-4518-2026

Impreso en España por Estugraf en febrero de 2026

GIOVANNI SALOMONE

Ronaldo

EL FENÓMENO

Traducción de
Miguel Tomás Sampedro

Giovanni Salomone (Nápoles, 1981) es escritor, editor y trabajador social. Ha publicado varios libros de temática futbolística, entre ellos *Santiago del Cile 1973. Colo Colo e Socialismo* (2022) y *La rivoluzione nel metro cuadrado. Storia di Carlos Caszely, goleador e uomo libero* (2025).

A Francesco Esposito, Ciccio a secas:
«Libertae, Igualdae, pero ante todo mi compae»

El Camino de Santiago

*Mas la imaginación tiene las alas del ángel
y del relámpago.*

Alexandre Dumas

FOTOGRAFÍA 1.
SANTIAGO DE COMPOSTELA,
12 DE OCTUBRE DE 1996

No se trata de encontrarse. Se trata de perderse. Es el 12 de octubre de 1996 y en Santiago de Compostela el camino es un camino distinto al de los peregrinos, distinto al de quienes gastan suelas y sudor para encontrar su rumbo en este mundo.

San Lázaro es el escenario de un camino menos pretencioso, más rápido, fulmíneo, una carrera trufada con algo de magia: un relámpago.

No se trata de los ochocientos kilómetros del Camino Francés por las carreteras de Francia y España. No, no se trata de la histórica ruta que se remonta a la época en que, según cuenta la tradición, fue descubierta la tumba de Santiago el Mayor, uno de los apóstoles más cercanos a Jesús, tras la aparición de una estrella, en un campo cercano a un monte llamado Libredón, que indicó al ermitaño Pelayo el lugar donde yacían, olvidadas por todos, las reliquias del santo.

No se trata de esta ruta, pero seguimos en Santiago de Compostela, ciudad que toma su nombre de aquellos hechos: Santiago, contracción ibérica de *Sanctus Iacobus,* y Compostela, *Campus Stellae,* en recuerdo de aquella estrella que, un poco como el cometa que guio a los Reyes Magos hasta Belén, indicó al ermitaño el camino del sepulcro.

También San Lázaro es un santo y, además, un estadio, y este sábado hay fútbol: el Compostela se enfrenta al Barcelona. El partido no debería tener nada de especial, el clásico duelo entre un equipo que navega por las profundidades abisales de la liga y otro lleno de figuras —Guardiola, Luis Enrique, Figo, el búlgaro Stoichkov— que, en cambio, lucha por los títulos.

Con la camiseta blaugrana también hay un joven, brasileño; tiene veinte años y dientes grandes, un poco de conejo; corre y corre y corre y toca el balón como lo tocan los brasileños. Ha encandilado a Holanda con el PSV Eindhoven y Holanda se le quedaba pequeña, demasiado pequeña. Lleva el 9, el dorsal del delantero centro, pero no está claro lo que es en realidad, si un delantero centro, un ilusionista, un rayo o quién sabe qué. Un nueve y medio, dicen algunos, un ilusionista con muchos goles en las piernas, afirman otros.

En el minuto 36, este brasileño de Bento Ribeiro, descubierto en el São Cristóvão por el viejo diablo

Jairzinho, arranca y con un fogonazo asombra al mundo. En el Multiusos de San Lázaro, algo más de quince mil personas —tantas como caben en el estadio—, sin ser peregrinos y sin buscar esta noche ningún camino, asisten a una revelación, se pierden en el fogonazo, catorce segundos y quince toques más allá del tiempo.

He aquí el misterio del fútbol, en estos acelerones, en estas descargas, en estos toques como caricias y en estos ojos como platos y estas bocas desencajadas, en estos bramidos en San Lázaro, en estos quince mil sobresaltos y aun alguno más. En lo imprevisible que se materializa cuando no se espera nada más que algo normal.

Hay un balón que vaga sin dueño cerca de la divisoria. El brasileño corre paralelo a la línea, salta como si hubiera entrado en otra dimensión, como Flash/Barry Allen dispuesto a violar las leyes de la física. Disloca el aire y hace colapsar a Franck Passi y Mauro García, que, torpemente, chocan; Saïd Chiba, un honrado profesional del centro del campo, se aferra a él, quiere retenerlo, casi le rasga la camiseta, trata de meter el pie entre las piernas en movimiento del brasileño como quien intenta obstruir un mecanismo, pero el mecanismo no se atasca: quien se atasca es Chiba que, derrotado, se rinde y desaparece en ese anonimato del que había salido por unos pocos segundos al probar a detener ese huracán. El brasileño ya ha girado noventa grados y ahora corre perpendicular a la divisoria, en dirección a la portería que defiende Peralta. Durante el intento de sabotaje de Chiba se incorpora a la escena José Ramón, pero apenas lo ve porque el brasileño pisa la pelota con la derecha, como para poner orden en la confusión, pero solo un instante; la toca cuatro veces más y vuela. Vuela.

Corre, corre y al borde del área le sale al frente William, el lateral. José Ramón también ha reculado, por el camino más corto. El brasileño los encara como si fueran las dos jambas de una puerta, y pasa por el medio como si estuviera abierta de par en par: está delante de Peralta, debe acompasar el paso porque va más rápido que el balón. Cayéndose, marca.

En la banda, Bobby Robson, que ha visto a unos cuantos fuera de serie, no puede creer lo que le muestran sus ojos, testigos de una revelación. Se lleva las manos a la cabeza, luego las levanta al cielo, como hacen los peregrinos que, en el camino, invocan una intercesión, una señal, un milagro.

Robson no pide, no invoca el milagro.

Acaba de presenciarlo.

Se llama Ronaldo Luís Nazário de Lima.

Una mañana de junio

CICCIO, *LA GAZZETTA* Y EL 127 VERDE OSCURO

Traer a Ronaldo a Italia fue una cuestión de emoción, ligada también al sentir de la afición. Empecé a pensar en fichar al brasileño después de un partido que perdimos en Florencia. En el viaje de vuelta le dije al conductor del autobús, que era un gruñón: «El año que viene ficharé a Ronaldo y volveremos aquí, así estarás contento».

MASSIMO MORATTI

Ciccio se pasaba el día con el culo apoyado en el capó del Fiat 127 verde oscuro del señor Formisano, que no se decidía a llevarlo al desguace. Al parecer, había sacado a pasear por primera vez a su futura esposa en ese coche, quién sabe cuántos años hacía, así que estaba atado a él, no quería moverlo de allí, aunque quizá no volviera a arrancar.

A la altura del bloque 07, aquel 127 con la Santa Faz en el parabrisas y un Che Guevara algo descolorido en la luneta trasera se había convertido en parte del paisaje de Pontecitra.

Pontecitra es la zona obrera de Marigliano, en la llanura al norte del Vesubio. Un barrio como tantos otros, con edificios numerados, esa clase de vivienda social especulativa que olvida que las casas están destinadas a seres humanos y que, por tanto, no puede haber baños sin ventanas y siete pisos sin un punto de luz en la escalera. Y puede que con amianto.

Cavernas. Cavernas que crecen en altura.

Pontecitra es hija de la Ley 219 de 14 de mayo de 1981 y, de hecho, cuando vas a Pontecitra, dices «voy a la 219», como si te adentraras en esa ley «en beneficio de las poblaciones afectadas por los seísmos de noviembre de 1980 y febrero de 1981». Empezó a habitarse a mediados de 1989, cuando llegaron allí miles de familias afectadas por los terremotos que, durante unos ocho años, habían estado viviendo en hoteles. Un experimento social.

Ciccio llegó a finales del 89, desde Poggioreale; yo, en mayo del 90, tras dejar Barra y aquel Olimpia 71 en el que había empezado a soñar con llegar a ser como «Spillo» Altobelli.

Aquel duro verano de 1997, Ciccio se pasaba el día con el culo apoyado en el 127 verde oscuro porque no le gustaba el fútbol. Mientras nosotros, en el descampado frente a la escalera A del 07, montábamos nuestro estadio, él nos miraba. No entendía qué podía tener de divertido correr detrás de un balón sobre un asfalto que si te caes te pelas, mientras los coches que esperan para aparcar a los pies del edificio imprecan porque tienen que esperar a que termine la acción.

A decir verdad, Ciccio era un negado, ya habíamos intentado que jugase pero nada, tenía los pies de madera; sin embargo su hermano pequeño, Nenè, dejaba entrever un talento fuera de lo común: años más tarde marcaría cientos de goles en las categorías inferiores de fútbol sala. Ciccio, como mucho, se ponía de portero, pero incluso ahí era nulo, conque no, mejor que se quedara a mirar.

Así nos habíamos conocido, en aquellos veranos sin tiempo corriendo «hasta el edificio», como solía decirle a mi madre al bajar a la calle. Así nos hicimos amigos, sin un motivo; no es que Ciccio y yo tuviésemos muchas cosas en común, y cuando le hablaba del Inter él me escuchaba, pero como diciendo «sí, muy bien, pero ¿a mí qué me cuentas?».

Luego, sin embargo, cuando yo volvía por la mañana del quiosco y me tumbaba en la acera a leer *La Gazzetta*, él se me acercaba, se sentaba a mi lado en silencio y de vez en cuando me preguntaba: «¿qué dice?». Creo que le daba un poco de vergüenza interesarse por un mundo, el del fútbol, al que se sentía ajeno; en aquel trozo de barrio, era prácticamente el único que no participaba de la sugestión de la pelota, del irritado enfrentamiento de los lunes por la mañana cuando, terminadas las clases, el tiempo se diluía y el fútbol, el Napoli, el Inter eran el tema principal. Más aún, el fútbol era EL TEMA. Y en aquellos días de mediados de junio, cada mañana, me iba al quiosco a por *La Gazzetta* porque algo grande, algo muy grande estaba a punto de suceder, al menos eso esperaba yo: al presidente del Inter, Massimo Moratti, se le había metido en la cabeza comprar al mejor jugador del momento, llevarlo al Inter, y yo quería saber, quería entender, quería leer en aquellas páginas rosas que mi sueño estaba a punto de hacerse realidad. Me parecía la culminación de mi corta pero intensa carrera como hincha *nerazzurro*.

Sí, una carrera. Iniciada la tarde del domingo 2 de diciembre de 1984, cuando la radio Phonola negra y amarilla perfectamente colocada por mi padre en el cabecero de la cama empezó a graznar el nombre, o más bien el apodo, del jugador al que amaría: Altobelli, «Spillo». Todo muy simbólico, además, porque Altobelli acababa de consumar la remontada contra el Napoli, precisamente el Napoli, que se había adelantado con un gol de Caffarelli neutralizado después por Rummenigge. Aquella Phonola, los domingos por la tarde junto a papá, se convirtió en un ritual: esperaba que, en algún momento, alguien nombrase a «Spillo».

Luego lloré, por primera vez, cuando vendieron a Rummenigge y lloré, por segunda, cuando el Inter de Zenga y Matthäus ganó el *Scudetto* de los récords… ¡y Altobelli se había ido a la Juventus el año anterior! Tardé en perdonárselo.

Mi joven fe resistió el intento de mi padre y, sobre todo, de mi tío Carlo de reconducirme al buen camino llevándome por primera vez al estadio, tenía yo nueve años, para ver un Napoli-Juventus de Copa de la UEFA. Y fue una tarde legendaria: el Napoli dio la vuelta al 0-2 de Turín en el último minuto de la prórroga con un testarazo de Renica, vi un gol de Maradona y un Napoli burbujeante en un estadio que vibraba. E incluso fuera, de vuelta a casa, escenas de delirio espectaculares que nunca he olvidado. Pero yo era ya del Inter, ni siquiera Maradona logró redimirme. Vaya por Dios.

Luego me emocioné cuando Pellegrini nos compró a Dennis Bergkamp pero, a pesar de ganar una Copa de la UEFA, la cosa no había funcionado. En su lugar, con la nariz rota, me enamoré de Youri Djorkaeff. Estaba en el hospital de Nola porque una finta de más había llevado a un defensa incauto a propinarme un terrible puñetazo en la nariz, y así me tiré una buena semana, con hisopos en las fosas nasales y un tabique por reconstruir. Era el 8 de mayo de 1996 y en la televisión que me trajeron para aliviar las penas vi la final de la Recopa disputada en el estadio Rey Balduino de Bruselas entre el Paris Saint-Germain y el Rapid de Viena. Me enamoré de Djorkaeff, sí, y rogué que el nuevo presidente, o sea, Massimo Moratti, me regalara a ese genio.

Moratti, por evidente conexión sentimental conmigo y con mi nariz, lo compró unos meses más tarde.

Cuando le contaba a Ciccio los esplendores y las miserias de ser hincha del Inter, él me miraba extrañado. Aún no estaba listo; hasta el verano del 97 no lo estuvo. Una vez, después de un partido contra los del bloque 01, fui a sentarme a su lado en el 127 verde oscuro y me dijo:

—¿Quién eres? ¿Zanetti? ¿O el fenómeno ese, como tú dices, que tiene que venir?

Le contesté que todavía no estaba a ese nivel, pero que si Moratti nos compraba al Fenómeno, sería una de las mejores cosas que pudiesen suceder en casi cien años de historia del Inter.

—Fua, cien años —dijo Ciccio—. ¿Y cómo nació?

No esperaba otra cosa; en el fondo siempre había querido contarle la historia de aquellos locos que se escindieron del AC Milan y crearon el Internazionale en 1908, y me di un tono muy solemne al declamar:

—«Nacerá aquí, en el restaurante L'Orologio, lugar de encuentro de artistas, y será siempre un equipo de gran talento. Esta espléndida noche dará los colores a nuestro escudo: negro y azul sobre el fondo dorado de las estrellas. Se llamará Internazionale, porque somos hermanos del mundo» —e hice énfasis, con una pausa teatral, en esto de ser hermanos del mundo, en un símil, si bien decididamente tosco, entre el Internazionale y la Internacional que es el género humano.[1]

—Ya veo, ya, no es algo normal; una gran historia desde el principio.

Me escuchaba como escucha un niño al que se le cuenta una historia antes de dormir y, aunque yo solo era un año mayor que él, me gustaban los ojos que ponía mientras le contaba. En cierto modo imitaba a papá, que, pocos años antes, apoyado en el borde de mi cama, cada noche me contaba una aventura del *Grande Inter* de Angelo Moratti y del Mago Herrera, el de la letanía inmortal: «Sarti, Burgnich, Facchetti, Bedin, Guarneri, Picchi, Jair, Mazzola, Peiró, Suárez, Corso». Me embelesaban las jugadas de Jair, a quien papá comparaba con Garrincha; él, en cambio, estaba enamorado de Mazzola y de hecho, al cabo de unos años, supe que había corregido la Historia al contarme que, en la final de la Copa de Europa del 67 contra el Celtic, el Inter había remontado el 2-1 de los escoceses gracias a un heroico Mazzola, autor de un fantástico *hat-trick*. Más tarde descubrí que se trataba de una licencia de esas que un padre puede tomarse de vez en cuando.

1   El estribillo de la versión italiana de *La Internacional* remata con el verso «*L'Internazionale, futura umanità*», donde en la versión castellana reza: «El género humano es la Internacional». *(N. del T.).*

Yo esperaba a que me hiciese un gesto, que puntualmente llegaba, y me ponía a contarle, y Ciccio ya no se mostraba tan distante y, de hecho, a veces era él quien me contaba alguna cosa. Había empezado a leer *La Gazzetta*.

—Mañana te paso a buscar, que es miércoles y sale el *Guerin Sportivo*, hablará de Ronaldo.

Ya estaba listo. El *Guerino* le maravilló, todas esas noticias, esas fotos, esas historias. Lo leímos hombro con hombro un rato y se lo dejé. Al día siguiente se lo había aprendido casi de memoria.

—¿Por qué no vamos juntos mañana a comprar el periódico? —me dijo poco después. Así lo hicimos. Durante días.

Y así, la mañana del 21 de junio de 1997, cogimos *La Gazzetta* y nos dirigimos al 127 verde oscuro. Ponía: «¡El Inter está seguro! Ronaldo es suyo».

Nos abrazamos. Éramos felices.

Ciccio se llevó el periódico a casa.

Todavía lo tiene.

¡Señoras y señores, el Fenómeno!

Es el mejor jugador que he visto nunca, soy incapaz de parar a este tío. Me ha arrancado las pegatinas, y luego, sentado ya en el vestuario, he pensado: «Es que no he podido hacer más».

ALESSANDRO NESTA

Todo el mundo estaba expectante en el crepúsculo de aquel verano. El 31 de agosto del 97 se jugaba en San Siro el primer partido de liga: Inter-Brescia. El Inter de Gigi Simoni, Djorkaeff, Zanetti y el Cholo Simeone. Y, por último, de Ronaldo. Enfrente, otro debutante, Dario Hübner, de treinta años, se estrena en la Serie A después de marcar un carro de goles en las divisiones inferiores y firma, en el minuto 73, un tanto maravilloso, como si Ronaldo fuera él. Es el partido de los debutantes y si Ronaldo no brilla, el Inter tiene preparada otra joya: se llama Álvaro Recoba, es de Montevideo y es un genio, bastante indisciplinado, pero un genio, que entra y en cinco minutos pinta dos goles sensacionales, robándose la función. Por él inventa Moriero la celebración del limpiabotas, para lustrar la zurda mágica del uruguayo. Se convierte en el «limpia» Moriero.

El Inter llevaba años sin ganar, al menos en Italia, desde los récords de Trapattoni y Matthäus; aún era presidente Pellegrini. Con Ronaldo y con la entereza de Simoni, soñar está permitido. El rival es el de siempre: la Juventus, siempre la Juventus. La Juventus de Lippi y Del Piero, o quizá la Juventus de Moggi, Bettega y Giraudo. Lo que sea.

Es una guerra de dos; a veces se cuela la Lazio, pero el enemigo es aquel. En Europa, el Inter vuela. Todo parece muy poético. La llegada de Ronaldo devuelve al Inter el aura romántica, que se materializa en grandes hazañas, como el partido de vuelta de octavos de final de la Copa de la UEFA contra el Estrasburgo, cuando Ronaldo, tras fallar un penalti, se enzarzó en un duelo de los que hacen época con el portero Vencel, que sucumbió cuando el Fenómeno se sacó de la chistera un inteligente lanzamiento de falta para iniciar la remontada *nerazzurra* que culminó en el 3-0 final. O la victoria en la decimocuarta jornada sobre la Juve, cuando Ronaldo, en un San Siro abarrotado, recibió el Balón de Oro y luego, como un extraterrestre, voló hacia la portería, resistió las torpes entradas de Iuliano y Montero y sirvió a Djorkaeff la gloria del gol decisivo. O el derbi de marzo del 98, ganado por 3-0; aquel día Ronaldo se elevó con suma elegancia y en el remate burló a Rossi, el guardameta *rossonero,* que aún recuerda la vaselina.

Llega abril y todo sigue en disputa. Inter y Juve están cerca, los *bianconeri* un punto por detrás a falta de cinco jornadas. El Inter tiene que jugar la vuelta de semifinales de la Copa de la UEFA contra el Spartak de Moscú; la Juventus, las de la Liga de Campeones contra el Mónaco.

FOTOGRAFÍA 2.
MOSCÚ, 14 DE ABRIL DE 1998

El terreno de juego parece sacado de una película de ciencia ficción. No hay ni una brizna de hierba, ni una sombra de verde en el interior del estadio Luzhnikí. Cuánta nieve removida antes del partido, toneladas, treinta centímetros, se dice. Barro y serrín, solo barro y serrín. Y escarcha, en el suelo y en los huesos. El clásico campo que mata la técnica, en el que lo que cuenta es el agonismo y el partido se convierte forzosamente en una batalla. Y sin embargo, en este escalofriante escenario, sucede algo que, en las historias de la historia del fútbol, adquiere un lugar propio; algo para el recuerdo, la demostración de cómo a veces el talento, se guarde donde se guarde y en la forma que decida manifestarse, subvierte los paradigmas de la normalidad y alcanza lo excepcional, lo nunca visto. En el minuto 11, tras una serie de acciones en las que los jugadores del Inter parecían más centrados en mantenerse de pie que en practicar fútbol, el extremo Tikhonov supera a Zanetti, que permanece inmóvil, sin tracción sobre el infame «césped», y lanza un misil al primer palo que deja de piedra a Pagliuca: 1-0. El Inter se hunde; había ganado 2-1 a los rusos en el partido de ida en San Siro y, en este momento, está fuera de la Copa de la UEFA.

Pero ahí está Ronaldo, helado como nunca antes en su vida; habrá pensado en su Brasil, o en Barcelona, o incluso en Milán; que todo, ese día, hubiera sido mejor que ese frío, ese barro. Todo. A un minuto del descanso, una chispa, un rompehielos, una llamarada en realidad: Simeone gana un rechace en la línea de tres cuartos, dialoga con Zamorano y sirve a la derecha para Moriero, que pone el centro, manteniendo a duras penas el equilibrio. En el área pequeña, un sindiós: Simeone roza la pelota con la testa, Romashchenko se la encuentra como si se tratase de un objeto de otra dimensión, rebota y se va donde están Gorlukovich y Evseev, que la ven escurrirse de su lado como una anguila. Entre los dos, Ronaldo la caza: 1-1.

Luego, a falta de un cuarto de hora para el final, lo que perdura en las retinas. El fogonazo, ese puñado de segundos que le bastan al superclase para pintar sobre el lienzo que se le ha dado, en esta ocasión barro y serrín, y bendito sea quien le pase el pincel. Hacer brotar de la nada una jugada sin sentido, inventada, literalmente inventada. Sartor saca de banda unos diez metros más allá del centro del campo y busca a Ronaldo, que está en plena zona de tres cuartos rival. De espaldas a la portería, el brasileño la para con el muslo derecho y, pese a la presión de Gorlukovich, la baja con el exterior del pie derecho y finta, mira a Zamorano y le da a entender que quiere que le apoye: tres toques más y se la da. Vuela sobre el barro, Zamorano cumple la promesa de las miradas y se la devuelve; entonces, la magia: con un toque, Ronaldo supera a Tikhonov y a Romashchenko, que no pueden entender cómo aquel ha conseguido, en este campo, volar hasta allí sin estrellarse; se encuentra cara a cara con el portero Filimonov y no tira, también a este lo rebasa y llega hasta la portería con el balón. En este campo. Barro y serrín. Y magia.

¿Se puede bailar sobre el barro? ¿Se puede mezclar la genialidad con el barro y el serrín y producir poesía, belleza en estado puro? Sí, se puede. Pero debes ser un fenómeno. Es más: EL FENÓMENO.

FOTOGRAFÍA 3.
TURÍN, 26 DE ABRIL DE 1998

Doce días después del baile mágico, la hora de la verdad en la liga: faltan cuatro partidos y el primero de ellos es el Juventus-Inter, en Delle Alpi. Un punto, solo un punto. ¿Qué es un punto comparado con la eternidad? Sin embargo, un punto decide un campeonato, asigna un *Scudetto,* reparte alegrías y desata pesares. El día llega con un aire envenenado, con la impresión de que van a enfrentarse dos equipos potentes, repletos de estrellas, uno acostumbrado a ganar y el otro que lo intenta después de un tiempo, pero con la sensación latente de que a uno de ellos, el de las rayas blancas y negras, las cosas le van siempre bien a pesar de todo, en el césped y fuera de él. Así que el Inter salta al campo con la actitud de quien debe hacerse justicia a sí mismo y a los demás, con los nervios a flor de piel, preparado para que algo extraño, en caso de que las cosas se tuerzan para la Juventus, seguramente ocurra. Muchos episodios polémicos hasta la fecha han permitido al equipo que entrena Lippi salir de situaciones complicadas, superar momentos decisivos sin exceso de daños, mantenerse a flote. Fuerte, esta Juventus es fuerte: Ferrara y Montero, Zidane y Deschamps, Del Piero e Inzaghi, Peruzzi bajo palos. Fuerte. Y de hecho va por delante incluso en la Liga de Campeones; ya encara la final. Sin embargo, la sensación es que en Italia se ayuda a la Juventus: ¿sumisión psicológica? ¿Favores arbitrales? En muchos estadios, el equipo *bianconero* es recibido con palabras inequívocas: «solo sabéis robar, solo robar, solo sabéis robar».

Esa tarde en Turín no transcurre sin sobresaltos. Del Piero adelanta a los suyos en el minuto 20 tras doblegar, burlón, a Fresi en el uno contra uno y batir a Pagliuca, que ni siquiera se tira. El árbitro Ceccarini, de Livorno, está tenso, se nota. En el minuto 70, un desplazamiento en largo hacia la frontal del área de la Juventus encuentra a Ronaldo y Torricelli enzarzados en un cuerpo a cuerpo en el aire. El defensa se anticipa, toca con la cabeza el balón, que cae unos metros más allá, donde lo recoge Zamorano. Más que recogerlo, el chileno se tira el autopase, dentro del área, un poco largo; cuando intenta controlar, se le va y da una patada al aire, al igual que Birindelli. En ese momento irrumpe Ronaldo, con ventaja sobre Iuliano; el Fenómeno corre en paralelo a la puerta de Peruzzi, puerta que, superado Iuliano, se le abriría de par en par. Iuliano, sin embargo, va hacia Ronaldo; a estas alturas el balón ya ha pasado y Ronaldo también… No, Ronaldo no, porque Iuliano se le echa encima y es como si se convirtiera en un muro: el brasileño choca contra él, cae, ¡penalti! Ni hablar.

Esto, esto es lo que temían los interistas, que ocurriera algo así: Ceccarini no duda; Gigi Simoni, el entrenador *gentleman*, invade el terreno de juego, los jugadores *nerazzurri* están furiosos. Mientras Iuliano derriba a Ronaldo, Torricelli despeja el balón, Davids lo recoge y lo lanza hacia Zidane. El francés llega hasta el borde del área del Inter y sirve para Del Piero; Taribo West lo arrolla. Ceccarini, a cuarenta metros de distancia y rodeado de cinco, seis encolerizados jugadores *nerazzurri*, con Simoni prácticamente sobre el terreno de juego aún, ve, ahora sí, penalti, y en verdad lo hay, pero la escena es surrealista. Un penalti de libro para el Inter y el silbato, mudo, como si Ronaldo hubiera sido derribado por un hombre invisible. Quince segundos después, en lado opuesto, con las camisetas invertidas, penalti, ahora sí, señalado. La zapatiesta. Empujan a Ceccarini, casi se lo llevan en volandas hacia el centro del campo. Simoni es expulsado.

Lanza Del Piero. Detiene Pagliuca. Moratti abandona el estadio antes de tiempo, «para que se rían de mí hasta el final, me voy y punto». Ronaldo se presenta ante los periodistas visiblemente conmocionado; a Varriale le dice: «Para mí, ha sido una vergüenza lo que ha pasado aquí hoy».

El *Scudetto* se queda en Turín. Lo que los interistas temían ha ocurrido.

Ese algo, ese alguien. Ha ocurrido.

FOTOGRAFÍA 4.
PARÍS, 6 DE MAYO DE 1998

Pasan diez días, Simoni debe trabajar duro para lavar la escoria de Turín de la cabeza de los jugadores. El Inter de Ronaldo tiene una cita con la historia, un título europeo siempre es un pedacito de historia, algo que permanece, que puedes contar a tus nietos. Esta Copa de la UEFA lleva inevitablemente la impronta de este brasileño funambulesco que se prende, explota, se embala, marca. Es una final cien por cien italiana, y la Lazio no va desnuda, es la Lazio de Sven-Göran Eriksson, de Roberto Mancini y su socio Casiraghi, de Nedved y Jugović, de Alessandro Nesta. Ha aguantado hasta cierto punto el ritmo en la liga manteniéndose a la estela de los duelistas, y luego lo ha apostado todo a este partido, a esta final.

Pero esta es la final de Ronaldo, tiene que llevar su impronta. Tiene que borrar Turín, a Ceccarini, la idea del *Scudetto,* de Simoni en el campo y Moratti derrotado. Tiene que borrar bastantes cosas, esta

Copa de la UEFA, y en el minuto 4 se pone en marcha, inexorable, rumbo a la Milán *nerazzurra*. Zé Elias cede el balón a Simeone en campo del Inter, el Cholo levanta la cabeza y sirve un pase largo mientras Zamorano se lanza como una cuchilla contra la pareja de centrales de la Lazio, Nesta y Negro. El chileno, astuto, los circunnavega y salva el fuera de juego, dos rebotes en el área, Marchegiani tal vez espera demasiado y se queda entre dos aguas, y Zamorano, con el balón a media altura, le pega dulcemente con el exterior derecho, al segundo palo, y marca.

Acaba de empezar y el Inter va por delante, acaba de empezar y Ronaldo arranca su personalísimo espectáculo de toques ligeros hasta el extremo, bicicletas, fintas, elásticas, acelerones imperiosos y regates que quitan el hipo. Nesta carga con la cruz, hace lo que puede, pero aquel es de otro planeta. Poco después del primer gol, Ronaldo estrella contra el larguero un derechazo desde fuera del área, Marchegiani observa atónito, inmóvil.

En el 60, «Ronaldo va a lanzar la falta… Muy larga para Zamorano, que la descarga bien hacia el centro… Atención… Violentísimo derechazo… ¡y gol espectacular de Zanetti!, ¡magnífico gol de Zanetti!». La voz de Bruno Pizzul relata el segundo de los *nerazzurri,* un «gol antológico» de Zanetti; un argentino después del chileno: 2-0.

Ronaldo baila, le falta la rúbrica pero no le importa, se divierte, se gusta e incluso baja a recibir hasta el borde de su área, como si quisiera tirar de todo el equipo en esta noche mágica, en este París que brinda alegría, que cura heridas, que abre posibles futuros. Aquí está, sobre la línea de banda, volviendo locos a Gottardi y Almeyda. Y luego la toma de nuevo con Nesta, lo enfila, intenta el caño, lo confunde hasta que cae al suelo como si hubiera sufrido un mareo. Indefendible.

Minuto 70. La Lazio ha perdido el equilibrio, defiende casi en la línea del centro del campo, hay toda una pradera para Ronaldo a la espalda de Nesta y Negro. Cuando Moriero recupera el balón cerca del área del Inter, lo primero que piensa es en mirar a Ronaldo; lo hace y ve que el brasileño, todavía en propio campo, ya va a mil por hora para recibir el balón filtrado en profundidad. Quizás Moriero espera demasiado, quizás Ronaldo sobrepasa la línea de la Lazio y cae en fuera de juego. Pero está solo y vuela hacia Marchegiani, le hace el amago y la imagen es magnífica y se ha visto mil veces: el cuerpo del Fenómeno se balancea una, dos, tres veces sobre un eje imaginario impecable, el disparo por detrás de Marchegiani lo muestra en su perfección; a la segunda finta, el portero se va al suelo, se vence del lado opuesto de la portería hacia el que sale Ronaldo como un corredor de eslalon en Val Gardena. Con la puerta desguarnecida, solo le queda marcar. Es la apoteosis. Cuando se gana, todo se ve de otro color; incluso la melancolía de Turín parece, en esta noche francesa, un bache en el camino, no importa: hay futuro por delante.

Tormento y éxtasis

UNA PROMESA
DE FUTURO

*¿El penalti de Iuliano a Ronaldo? No es un robo.
Cuando la Juve está por medio, lo que hay es
receptación. Los juventinos a veces confiesan un
robo, pero nunca declaran lo que han robado.*

PEPPINO PRISCO

*Que me perdonen mis padres pero, al lado de
su foto, llevo siempre la de Ronaldo.*

PEPPINO PRISCO, bis

Ciccio debió de hacer polvo aquella cinta de vídeo, la veía mil veces. Salió a comprarla a primera hora de la mañana, sin decirme nada. La daban con el *Guerin Sportivo* y pilló dos, una para él y otra para mí. Nueve mil novecientas liras, las dos. Así se aprendió de memoria los goles de un jovencísimo Ronaldo con la camiseta del Cruzeiro, y los de cuando aterrizó en Europa, con la del PSV Eindhoven. Y el del Compostela, el que le había enamorado.

De jugar ni hablamos; lo había vuelto a intentar, pero no era lo suyo. Siempre le decían: «Piensa en Ronaldo, anda, que tú eres un patapalo». Y Becco, su hermano pequeño, se reía. Eran cuatro: Alfredo, que ya era del Inter, Ciccio, Nenè y Becco, que también era un negado. Ronaldo los hizo a todos *nerazzurri*. Digamos que al principio, cuando el Fenómeno llegó al Inter, nadie se tomaba en serio a Ciccio. Pensaban que se trataba de un capricho pasajero, un amor de verano destinado a apagarse con los primeros fríos. Pero no, era amor verdadero. Y no uno cualquiera: el primero. Extraño y distinto del que te une a una persona pero igualmente absoluto; capaz, a su manera, de cambiarte la vida.

Al fin y al cabo, ese es el poder del fútbol. El flechazo puede llegar de improviso, a cualquiera, en cualquier parte. Cuando le alcanzó, a través del Fenómeno Ronaldo, Ciccio cambió. Cambiaron sus horizontes, sus tiempos, sus espacios, incluso sus deseos. Iba con una hoja de papel en el bolsillo en la que apuntaba las fechas de los partidos del Inter y las ciudades donde jugaría. Aprendía toda la geografía que no había estudiado en el colegio. Un día, en el bloque, Michele le preguntó dónde estaba Génova y él, imperturbable: «¿En serio? Génova está en el norte, donde la Sampdoria, ¿es que no sabes nada?». Luego, en la hoja, apuntaba los resultados y un punto rojo por cada gol de Ronaldo. Lo veía y me alegraba, pensaba que le había pasado algo positivo. Mientras muchos, en la 219, en Pontecitra, se perdían o no volvían, él se había focalizado en una pasión, un objetivo; a veces parecía inmune a todo lo malo que le rodeaba, que nos rodeaba, porque estaba Ronaldo, porque estaba el Inter.

Ciccio perdió la inocencia el sábado 18 de octubre de 1997. Quería ir al estadio, nunca había estado.

Decidimos ir a ver el Napoli-Inter en San Paolo. Era lo más fácil, teníamos dieciséis años. La cuestión era que no podíamos ir al sector visitante, así que cogimos la entrada en la Curva B, que era más barata; seguiríamos el partido entre los ultras del Napoli. Tomamos la Circumvesuviana y luego el metro hasta la parada de Piazzale Tecchio, donde bajamos y nos mezclamos con la riada de hinchas que se dirigían al estadio en el que había jugado Diego Armando Maradona y que, ante nuestros ojos adolescentes, empezaba a parecer mastodóntico.

Logramos pasar desapercibidos hasta que empezó el partido; luego, nos costó más de lo esperado mantener la compostura cada vez que los ultras, unos metros por debajo de nosotros, esperaban a que Pagliuca tocara el balón para dedicarle palabras no muy cariñosas acerca de su madre. Más difícil aún fue cuando Galante adelantó al Inter a los diez minutos. Ciccio estaba extasiado, miraba constantemente en rededor. Antes incluso que el partido, era el estadio lo que le fascinaba, nunca había estado en medio de tanta gente, y también la forma en que los hinchas de la Curva B animaban a su equipo le había sorprendido; verlo en directo era, definitivamente, otra cosa. Había un hombre con el pelo rizado que no veía ni un pase, ni un minuto del partido: se estaba todo el tiempo de espaldas al césped, ocupado en dirigir los cánticos que el resto de la curva amplificaba ferozmente.

Ciccio observaba continuamente a Ronaldo, quería que cada pase fuera un pase a Ronaldo, pero no fue un buen partido, ni siquiera para él, atormentado ora por Mirko Conte ora por Ayala mediante métodos expeditivos, clavando tacos y sacando codos. Aun así, hizo algunas jugadas, y tuvimos que disimular el asombro que naturalmente nos invadía con cada acelerón, con cada finta. El momento más duro de este rito iniciático fue cuando el hombre del pelo rizado se dio cuenta de que la Curva B se había rendido. Después del 0-2 —gol en propia puerta de Turrini tras un disparo de Aron Winter—, apenas un grupo de irreductibles seguían al líder en los cánticos y los movimientos coordinados de brazos; de pronto, el hombre del pelo rizado gritó por el megáfono: «¡Gente, esto parece la grada del Inter!». Ciccio me miró como diciendo «¿es por nosotros?». Y yo, con un gesto, que no, que hablaba en general, pero entonces se nos acercó un tipo con una bomber azul donde ponía «101% ULTRAS» y le preguntó a Ciccio: «Chavea, ¿y tú por qué no cantas?». Ciccio vaciló un instante, el silencio parecía interminable. Luego, como si fueran las únicas palabras que conociese, dijo: «Me duele la garganta».

* * *

—¿Alguna vez has estao'n la nieve?

—No. ¿Tú?

—No, fui una vez a Roccaraso pero nieve no había.

Así me saludó Nenè cuando llamé al timbre del segundo piso del 06, un edificio lineal. Allí vivían Ciccio, Nenè y Becco. Los lineales son las joyas de Pontecitra: están las torres y los lineales, y los lineales son más bajos, tres plantas frente a siete de aquellas, cada bloque diseñado de forma diferente pero siempre sin ventanas en los baños. Los lineales son más largos, es decir, se desarrollan horizontalmente en lugar de en vertical. Tienen un aire lejano a pueblo de veraneo, pero enfrente no está el mar, sino la avenida.

—Qué, ¿tú crees que juegan o que no? —dijo Becco cuando la Rai Uno empezó a emitir las imágenes que llegaban de Moscú. Bruno Pizzul, sin embargo, se apresuró a explicar que se había quitado mucha nieve y que, por lo tanto, el campo (si lo que quedaba podía llamarse tal cosa) estaba practicable; el partido se iba a disputar. Ciccio y yo en el sofá, Becco y Nenè uno en el sillón y el otro en la silla, aunque de hecho casi todo el tiempo de pie. Coca-Cola y agua en la mesa por si hacía falta. Siempre nos organizábamos así.

El miedo por culpa de Tikhonov. El alivio con el gol del empate de Ronaldo. Minuto 75: Sartor vuelve a ponerla en juego, doce segundos, Ciccio se levanta, me inclino detrás de él para ver qué pasa. Nenè empieza a saltar y casi se mete en la pantalla; Ciccio, en un irresistible *crescendo,* «¡la Virgen, la Virgeeen, la Virgeeeeeen!». Becco, las manos en la cabeza, es incapaz de articular palabra. Nenè sale corriendo, se asoma y grita con fuerza «¡¡toomaaaaa!!», tratando de picar a Filippo el juventino, a dos balcones de distancia, para que salga. Ciccio me abraza: «Maaadre mía, tú».

Ronaldo en Moscú, la escarcha, la nieve y un baile irrepetible. Así es el fútbol, hermoso.

* * *

El resto de la semana, cuando no hay Copa de la UEFA, es solo el resto de la semana, es decir, una larga espera, una lenta preparación para lo que tiene que suceder el domingo, el sábado a lo sumo, porque ya hay partidos adelantados y atrasados en 1998, pero solo uno por jornada; ya se desvanece el fútbol de antaño, los domingos todo a las tres y en el transistor *Tutto il calcio minuto per minuto.* Y en el curso 97/98 cada domingo llega por goteo, el maldito *Scudetto* que conquistar, la *Vecchia Signora* a la que desbancar, el Fenómeno brasileño que ha venido solo para eso.

La semana del Juventus-Inter no fui al colegio, tenía fiebre. Hasta el miércoles, seguro; luego quizá se me pasó. Pero me quedé igualmente en casa, no podía concentrarme.

—¿Has visto lo que dice Iuliano? ¿De qué va este?

Ciccio me traía el periódico todas las mañanas y lo leíamos juntos, y cuando iba al quiosco siempre le echaba un ojo a *Tuttosport,* que, según le había informado, era el órgano del enemigo. «¡Ronaldo, ya me ocupo yo!». Chulito, Iuliano.

—Mira, Ciccio, lo dice porque tienen que decir eso, no pueden decir que están cagaos, es una estrategia, y luego los periódicos tienen que hacer los titulares para que la gente los compre, tú no te preocupes.

Y Ciccio no se preocupa, pero cuando ponemos rumbo al Ciardiniello está tenso, se le nota. El Ciardiniello es una vieja tasca del centro de Marigliano, en tiempos muy concurrida. Ahora funciona sobre todo a mediodía, cuando van los trabajadores de las obras cercanas a comer algo caliente. Los domingos por la noche, sin embargo, el gran salón se transforma, las mesas desaparecen y las sillas forman una única platea, unas sesenta localidades frente al televisor gigante que retransmite el último partido de la jornada. Somos más o menos la mitad, tal vez más: Ronaldo ha hecho crecer el porcentaje de interistas en Marigliano. Este domingo, el gran salón es un guirigay. Me estoy callado, siempre hago así, el partido me interesa. Sentado en el pequeño sofá de la esquina, observo la prosopopeya nerviosa y predestinada de los juventinos contrarrestada por el arrebato vehemente de los interistas, que me dan cachetadas en la cara cada vez que, este año, el balón cruza la línea de gol de la Juventus y el árbitro está ocupado en otra cosa: Bierhoff, Bianconi, Protti, o quizá Bellucci.

Minuto 74: Iuliano colisiona con Ronaldo. Ciccio palidece y, en bucle, «no te creo, no te creo, no te creo», se calma un segundo, Simoni en mitad del campo, Ceccarini asediado, ahora al otro lado, West sobre Del Piero, ¡penalti! Ciccio enmudece, las manos en la cara, sale por la puerta, se pierde en la noche de Marigliano. Así es el fútbol (por desgracia), hermoso.

Noche larga en Pontecitra. En el rellano, la señora Siniscalchi barre lo que queda de otro día de idas y venidas en el 07. Ciccio llora, «pero cómo puede ser, pero cómo puede ser, siempre lo mismo, ¡siempre!». Llora pensando en Ronaldo, quisiera enjugarle las lágrimas, quisiera abrazarlo, decirle: «Tú eres el Fenómeno, ellos son unos mediocres, han tenido que derribarte para detenerte, ¿verdad que lo entiendes, Ronnie? ¿Verdad que lo entiendes?».

* * *

Aquel miércoles, 6 de mayo, descubrí que Lucia me había pintado un gran corazón bajo la formación del Inter que tenía escrita en mi parte del pupitre en la última fila del aula de 3º F del Liceo Scientifico Cristoforo Colombo de Marigliano. Lucia me había consolado después del *Ceccarinigate,* y sabía que la final de la Copa de la UEFA podía salvar una temporada que debía ser triunfal y que, en cambio, corría el riesgo de dejarnos con un palmo de narices.

La formación había resistido todo el año en el pupitre y fui a recuperarla incluso cuando vinieron a fumigar y Narciso, el conserje, se llevó el pupitre —y con él, la formación— al aula de 5º G. Bajo el nombre de Ronaldo había dibujado una estrellita por cada gol: eran veintidós, el conteo se había detenido después del maldito Juventus-Inter.

No fui a casa a comer. Salí a la sexta hora, me había llevado un bocadillo. Llegué a lo de Ciccio sobre las tres y me quedé traspuesto. Cuando me desperté, tenía una manta a cuadros rojos y azules encima y ya eran las seis. Hablamos poco hasta que López Nieto pitó el comienzo del partido. Yo tenía miedo de Mancini, Ciccio no. A Ciccio le asustaba Nedved, a mí no. Sabíamos que Ronaldo marcaría, de eso estábamos seguros los dos. Por aquellos días estaba leyendo *Cien años de soledad* y Gabriel García Márquez se había convertido en uno de mis baquianos:

él me llevó a Jorge Amado, y luego a Neruda y Gabriela Mistral, Soriano, Eduardo Galeano y Ernesto Guevara. Me sentía como si caminara descalzo por Sudamérica en aquellos días de mayo, y Ronaldo me parecía el gitano Melquíades, que había llegado al Inter cargado de inventos prodigiosos.

Minuto sudamericano número 4: Zanetti, Zé Elias, Simeone, Zamorano, ¡gol! Argentina, Brasil, Argentina, Chile, ¡gol! 1-0.

Minuto sudamericano número 60: Ronaldo, Zamorano, Zanetti, ¡gol! Brasil, Chile, Argentina, ¡gol! 2-0.

Minuto sudamericano número 70: Moriero (sudamericano de Lecce), Ronaldo, Ronaldo hacia la izquierda, Ronaldo hacia la derecha, Ronaldo hacia la izquierda, ¡gol! Lecce, Brasil, Brasil, Brasil, Brasil como si fuera carnaval, ¡gol! 3-0.

Cuántas cosas querría decir Ciccio, pero no tiene voz, la ha perdido desde la última vez que ha gritado ¡GOOOOOOL! Y entonces yo le digo que, se acabe el mundo como se acabe, ya siempre habrá un título ganado por el Inter con el sello de Luís Nazário de Lima. El Fenómeno.

Rodilla
de cristal

Tenía la rodilla hinchada como una pelota.
Lloraba y me pedía morfina. Me dijo: «No me
mientas, ¿voy a volver a jugar?».

Nilton Petrone

Bajaba los escalones tambaleándose; parecía como si aquel portento brasileño, que había incendiado el corazón de los hinchas *nerazzurri* y había perdido la final del Mundial 98 con su Brasil frente a Francia, acabara de aprender a andar. Se agarraba a duras penas a la barandilla, irreconocible, humano.

FOTOGRAFÍA 5.
PARÍS, 12 DE JULIO DE 1998

Faltan unas horas para la final. Las alineaciones de Francia y de Brasil empiezan a circular. He aquí la de los verde y oro: Taffarel, Cafú, Aldair, Júnior, Baiano, Roberto Carlos, César Sampaio, Dunga, Rivaldo, Leonardo, Bebeto y Edmundo. ¿Edmundo? ¿Y Ronaldo? Ronaldo no está. De pronto, resulta que está en un hospital de París.

Convulsiones. Roberto Carlos, que está con él en la habitación, lo socorre; el Fenómeno pierde el conocimiento durante tres, cuatro, tal vez cinco minutos. Nunca le había pasado, ni siquiera había dado señales. El médico le dice que no juegue, que vaya al hospital, y en el hospital le hacen de todo pero nada, no ven nada. Mientras tanto, Zagallo tiene que componer el equipo: incluye a Edmundo. Dos, tres horas, las pruebas no arrojan ninguna respuesta, ahora está bien, pide jugar. Falta poco, va directamente del hospital a Saint Denis, al estadio, el equipo ya está allí. Se dirige a Zagallo y le dice: «¿Edmundo? Por favor, Zagallo, tengo que jugar, he estado en el hospital y todo está en orden, es la final».

Zagallo cambia la alineación: fuera Edmundo, dentro Ronaldo. Pero no es él, es un sosias cadavérico, frágil, como si en el mejor de los casos fuera capaz de correr y da gracias. En un momento dado, Barthez lo arrolla, el Fenómeno blandea. Zinedine Zidane se adueña de la función, marca dos goles. Francia es campeona del mundo.

Vuelve a Milán, pero ya no es lo mismo. Como si aquella tarde parisina lo hubiera descompuesto, como si hubiese desbaratado el extraordinario equilibrio que hacía posibles cosas nunca antes vistas en un campo de fútbol, no de aquella manera. Nunca se había visto a un jugador controlar el balón así, a esa velocidad; nunca se había visto. Esa forma de fintar tan furibunda y a la vez tan armoniosa, casi dulce, y de ahí a saquear espacios y retaguardias, y si lo encierras encuentra una ganzúa y te manda a la lona, una jugada, una gambeta y estás acabado. No, no, ya no es eso, no es el Fenómeno, no es él. Se pierde la mitad de los partidos en su segundo campeonato en el Inter. Y, de los que juega, solo trece los juega completos, convierte catorce goles pero la mitad son de penalti. El Inter se debate, o más bien naufraga, incluso cambia de entrenador, Moratti echa a Simoni y trae a Lucescu, que pierde más partidos de los que gana, queda octavo, a veinticuatro puntos del Milan que gana el *Scudetto,* ese *Scudetto* que sigue siendo un sueño… Y pensar que Moratti había fichado a Roberto Baggio para ponerlo al lado de Ronaldo.

FOTOGRAFÍA 6.
MILÁN, 21 DE NOVIEMBRE DE 1999

Y, al año siguiente, también a «Bobo» Vieri. Ronaldo, Vieri y Baggio. Cuánta grandeza. Pero prácticamente nunca juegan juntos. Cuando, en la décima jornada, el Lecce se presenta en Milán, el Inter ya no es líder, Ronaldo ya se ha perdido dos o tres partidos y todo parece precario. Como el césped de San Siro este día. Hace frío, pero no muchísimo, no hiela, no es como aquella tarde en Moscú.

Se prueba, hace dupla con Zamorano. Una goleada; en el 50', Inter 5, Lecce 0, y el quinto lo marca él, Ronaldo, de penalti. Unos minutos después, sin embargo, un balón inofensivo de espaldas a la portería, en la frontal del área del Lecce; Savino acecha, pero no le alcanza; Ronaldo controla la pelota, pero se detiene; no ha habido contacto alguno, pero se toca la rodilla. Podía haber habido un contacto, un golpe, un golpe dolorosísimo. Pero no lo hubo. Lesión del tendón rotuliano, rotura parcial del tendón rotuliano. Comoquiera, la precisión de un parte médico muy triste. O sea, la rodilla, la puñetera rodilla.

Que, si se rompe, ¿cómo vas a jugar al fútbol?

Ah, la rodilla, la cruz de todos los jugadores que se la rompen. Pregúntaselo a Baggio, léelo en esos mapas que tiene en las rodillas. Después de rompértela lo recuerdas para siempre, todos los santos de los días que se tarda en volver, cuando lloras del dolor al intentar recomponerla y cuando sonríes porque consigues estirarla un poquito más, cuando vas tachando fechas en el calendario como hacen los presos para descontar lo que les queda de condena. Porque no jugar es una cárcel.

Una hora y cuarto bajo el bisturí, la rodilla en manos de Gerard Saillant, la mayor eminencia de la Pitié Salpêtrière de París, otra vez París. La misma clínica que no pudo salvar a Lady Di ni a Dodi Al Fayed. Saillant está contento, «todo ha salido a la perfección, el chico está bien, ha preferido someterse a anestesia local porque la operación se ha hecho sin artroscopia. Ronaldo ha sufrido una laceración inusual y la lesión, que es la cuasi rotura del tendón rotuliano, es poco común. Es una lesión que pocos futbolistas y pocos baloncestistas sufren en su carrera. Sea como sea, todo ha ido bien: hemos reconstruido el tendón, pero no creo que podamos esperar verlo de vuelta en los terrenos de juego antes del final de la temporada».

FOTOGRAFÍA 7.
ROMA, 12 DE ABRIL DE 2000

Sin embargo, la temporada no ha terminado y Ronaldo vuelve, ciento cuarenta y dos días después. Es la ida de la final de la Copa de Italia, ¿quieres verlo de vuelta a tiempo para levantar un título? ¿Para retomar el hilo interrumpido precisamente contra la Lazio, en otro mes de mayo, en otro tiempo? Lippi lo saca al campo en el minuto 58, cuando los *biancocelesti* ya han remontado el tanto inicial de Seedorf. Pasan seis minutos, solo seis minutos después de ciento cuarenta y dos días, seis minutos y está cerca del área, Zamorano le peina el balón y él esprinta hacia la portería, solo tiene a Fernando Couto por delante, e intenta forzar el tiempo y la historia, volver a antes de Saillant, antes del tendón reconstruido y de todo lo demás; una finta, un esbozo de bicicleta, amaga a la derecha, luego a la izquierda, pero no, todo se apaga, se va la luz, un grito, un alarido, un llanto. Cae, la rodilla entre las manos, otra vez eso. Otra vez.

«Oí el ruido, era como el de una madera que se rompía», describió Maradona el momento en que Andoni Goikoetxea intentó asesinarle el tobillo. Ahí está, algo parecido. Todos con los brazos en alto, los jugadores de la Lazio piden que venga alguien a ayudar a este fenómeno brasileño que se agarra la rodilla y aúlla desconsolado, un llanto que esta noche llega a millones de hogares. Simeone se agacha a su lado pero no resiste, se levanta de nuevo y niega con la cabeza, casi llora, no es posible. Otra vez.

París, Pitié Salpêtrière, Gerard Saillant. Otra vez.

Interrupción del sueño

CIELO BAJO
SOBRE EL 127
VERDE OSCURO

Ahora que los sueños y las esperanzas
se hacen realidad como flores,
en la Luna y en la Tierra
¡abran paso a los soñadores!

GIANNI RODARI

Pasamos la noche después del Inter-Lecce sobre el 127 verde oscuro del señor Formisano que, fidelísimo, seguía siendo nuestro confesionario. Ciccio se tocaba frenéticamente la rodilla derecha: de haber podido, habría corrido hasta Milán y se la hubiera dado, «ten, Ronnie, toma esto y vuelve a hacerme soñar». Cualquiera que lo viese intentaba consolarlo, se había convertido en la mascota de la 219, su enamoramiento era demasiado romántico, desproporcionadas sus expectativas, y voraz su anhelo de fútbol, de conocer el fútbol, de verlo, de entenderlo.

—¿Habrá alguien que lo haya pasado tan mal, digo en este sentido, antes que él?

Buscaba algún término de comparación, un punto de apoyo para tratar de construirse, él también, su propio calendario donde tachar los días como un preso.

—En estos casos no se puede saber a ciencia cierta, Cì, hay que ir viendo sobre la marcha, poco a poco.

Sin Ronaldo, el Inter había vuelto a la mediocridad, y me acordaba, ahora que era interista pero también leninista, de Giorgio Gaber y la parte final de *Qualcuno era comunista*:

¿Y ahora?
Incluso ahora uno se siente como escindido,
por un lado el hombre adaptado, que atraviesa
servilmente la miseria de su existencia cotidiana,
y por otro la gaviota, sin intención siquiera de alzar el vuelo,
porque a estas alturas el sueño se ha encogido.
Dos miserias en un solo cuerpo.

Estábamos aturdidos. Materializábamos la idea del sueño encogido de distinta manera, claro, pero nos ahogábamos en la misma desesperación, en el mismo dolor infantil y por ello impensado, instintivo y por tanto feroz. Días, hicieron falta días para salir de aquella incómoda bruma y entrever algo de cielo despejado, para imaginar que habría un mañana para aquel sueño, para Ronaldo, para el Inter, para nosotros.

El 10 de marzo de 2000 mirábamos el futuro con un poco más de optimismo. Yo estaba a punto de egresar del Liceo Scientifico, había sido candidato por primera vez con Rifondazione Comunista y a Ronaldo le quedaba un mes para volver a jugar. Ciccio cumplía dieciocho años, al día siguiente empezaría de peón en una fábrica de plásticos y a Ronaldo le quedaba un mes para volver a jugar. En la tarta las velas marcaban dieciocho, pero abajo campeaba la estampa de Ronaldo con el número nueve y la leyenda «FENÓMENO».

Llegó el 12 de abril, habían pasado ciento cuarenta y dos días desde el maldito minuto 59 contra el Lecce y creíamos que lo peor ya había quedado atrás, pensábamos que nuestras deudas quedaban saldadas y que ahora recibiríamos la recompensa, que había otra cara de la moneda y que lo que aún no había sucedido seguramente sucedería.

Poco antes del Lazio-Inter, Ciccio dio un respingo sobre el capó del 127 verde oscuro del señor Formisano, que parecía haberse decidido a llevarlo al desguace.

—¡El calendario —dijo—, tengo que ir a tirarlo!

Subimos aposta a su casa, cogimos el calendario de la farmacia Vivo con los ciento cuarenta y dos tachones, hicimos un gurruño y lo tiramos. Todo pasado, todo acabado. Volvimos a empezar. Pusimos la cinta del *Guerino,* con el fogonazo en Santiago de Compostela.

Luego empezó el partido. Todo el rato enfocaban al Fenómeno, allí, en el banquillo, detrás de aquel Marcello Lippi al que no aguantábamos, demasiado pesada y blanquinegra su historia. Lo enfocaban porque no solo lo esperábamos nosotros, sino el mundo entero.

Entró, cayó, no se levantó.

Nosotros también caímos. Destrozados y mudos.

Epílogo y traición

*Pienso que fue mejor dejarnos
que no habernos conocido nunca.*

FABRIZIO DE ANDRÉ,
Giugno '73

FOTOGRAFÍA 8.
BRESCIA, 9 DE DICIEMBRE DE 2001

Si la primera vez fueron ciento cuarenta y dos, la segunda fueron quinientos veintisiete días hasta volver a verlo sobre el terreno de juego. Con un solo calendario ya no bastaba y en un momento dado Ciccio dejó de tachar. Volvió a saltar al campo un día de septiembre, de aquellas ya era 2001, en la Copa de la UEFA contra el Brasov rumano. Y cuando en Brescia, el 9 de diciembre, marcó el primer gol *nerazzurro,* habían pasado setecientos cuarenta y nueve días desde el último. Más de dos años.

No sé qué ocurrió realmente; la alegría fue enorme en aquel instante; la emoción de ver algo que vuelve a estar en su sitio. Ciccio y yo nos abrazamos un rato largo. El Brescia empató, pero entonces Vieri hizo un doblete como queriendo mostrar lo que podría haber pasado si hubiesen conseguido jugar juntos.

El Inter era ahora el Inter de Cúper, «el hombre vertical» que daba palmaditas a la altura del corazón a cada jugador antes de entrar al campo, y avanzaba en la liga tan orgulloso y correoso como su entrenador argentino. Habíamos perdido el aura romántica de cuatro años atrás; ahora teníamos veinte. Pero habíamos empezado a creer y, poco a poco, comenzamos a mirar a Ronaldo sin el miedo a que pudiera volver a ocurrir.

El deshielo, sacudirse de encima aquellos dos años de escarcha, requería tiempo. Y había pasado tanto que ya ni siquiera mencionaban a Ronaldo cuando hablaban del Inter. Pero ahora él había vuelto y el Inter iba líder. Por supuesto, había que tomárselo con cautela, pero al menos había vuelto.

FOTOGRAFÍA 9.
MILÁN, 14 DE ABRIL DE 2002

—Hay que ir, la ocasión la pintan calva y si ganamos el *Scudetto,* podremos decir que estuvimos allí.

Ciccio me convenció. Había recuperado el entusiasmo y fuimos a Milán, jornada 30, Inter-Atalanta, tres puntos de ventaja sobre la Roma y hasta seis por delante de la Juventus. Era su primera vez en San Siro y estaba maravillado. Era también el partido para el que se anunciaba el regreso de Ronaldo, el enésimo; los doce anteriores se los había perdido. Aquel *Scudetto* era un acto de justicia, pensábamos, y aunque ya no volviera a ser el de antes, también él lo habría ganado.

Pero no salió como esperábamos, el Inter perdió 1-2 y Ronaldo no jugó ni un minuto. Nos pareció la peor de las burlas. Esta vez convencí yo a Ciccio:

—Va, nos quedamos, el domingo que viene es el Inter-Brescia, lo vemos también y luego nos volvemos para casa.

Me salté el examen de Derecho Internacional, lo haría en la siguiente convocatoria, y Ciccio usó los días de vacaciones que aún no había gastado.

La ventaja se había recortado, la Roma ahora a dos puntos y la Juventus uno más cerca. Esta vez Ronaldo fue titular junto a Vieri y Recoba. Fue un día memorable; parecía, por enésima vez, que las cosas por fin encajaban como debían: el Brescia se adelantó en la primera parte con un penalti convertido por Guardiola y el Inter sufrió de lo lindo, a punto estuvo varias veces de encajar el segundo, pero luego llegaron cuatro minutos de ensueño, de ensueño. Minuto 79: a Calori se le cruzan los cables y, casi desde el centro del campo, da un pase hacia atrás sin sentido, Ronaldo caza el balón y se embala, supera a Castellazzi y chuta con fuerza pero da en el poste, el balón vuelve a él, lo baja y chuta de nuevo, es gol, 1-1. Minuto 84: Emre, al borde del área del Brescia, intenta regatear a Calori, que lo obstruye y lo derriba, el balón llega a Ronaldo, que de primeras dispara un trallazo que bate a Castellazzi, ¡2-1! Ciccio no se contiene, doy con él cuatro filas más abajo, en el sector 212 del segundo anillo azul. San Siro tiembla, vibra mientras aúlla el nombre del malhadado Fenómeno que pretende recuperar el tiempo y la gloria. Salimos del estadio sin voz pero felices.

En Pontecitra nos esperan. Unos para preguntar qué tal, otros para decirle a Ciccio que lo ha conseguido, que ha visto a su Ronaldo y Ronaldo le ha regalado dos goles, mira, Ciccio, lo ha hecho por ti, que sabe que querías darle tu rodilla, que lloraste por él, que antes de él ni siquiera sabías que el fútbol se jugaba once contra once. Y Ciccio parecía un orgulloso veterano de una batalla que hubiese ayudado a ganar. Y en cambio no, no lo sabíamos, pero faltaba una fotografía.

FOTOGRAFÍA 10.
ROMA, 5 DE MAYO DE 2002

Lazio-Inter, última jornada. Un punto de ventaja sobre la Juventus y dos por delante de la Roma. Otra vez la Lazio: increíble. Los hinchas de la Lazio prefieren perder, no podrían soportar un *Scudetto* de la Roma y encima por una nariz; Roma y Juventus, de hecho, ya han hecho los deberes al descanso. En el Olímpico, sin embargo, cae el telón del sueño. Definitivamente. Minuto 73, el marcador dicta sentencia: Lazio 4, Inter 2. Minuto 78, Cúper sustituye a Ronaldo por Kallon.

Ronaldo se sienta en el banquillo y llora, llora hasta el final.

* * *

Ciccio y yo nos quedamos en el 07 hasta la mañana siguiente. Aniquilados, sin palabras, sin fuerzas, ni futuro, ni *Scudetto*. Nada de nada.

Así nos estuvimos, el uno al lado del otro, mudos y de pie; el 127 verde oscuro ya no estaba, el señor Formisano se lo había llevado al desguace. Se había esfumado.

Como el sueño de una noche de verano.

Índice

«El fútbol es la última representación sagrada
de nuestro tiempo. Es rito en el fondo,
y también es evasión».

Pier Paolo Pasolini